(M)ein dreifaches Dankeschön an
die Erzieherin Diana Gayk, die Lektorin Sylvia Müller und Pfarrer Hagen Schwarz
für den so vielseitigen Austausch!
A. L.

Neuausgabe 2020

www.herder.de

Gesamtgestaltung: Sandra Hacke, Dachau
Druck: L.E.G.O. S.p.A., Italien
Gedruckt auf umweltfreundlichem, chlorfrei gebleichtem Papier
Printed in Italy

ISBN 978-3-451-71545-7

Annette Langen

Kinderbibel

in 5-Minuten-Geschichten

Mit Illustrationen von
Frauke Weldin

HERDER

FREIBURG · BASEL · WIEN

Altes Testament

Neues Testament

Wie alles begann

Genesis 1–2,4a

Vor langer, langer Zeit war noch gar nichts da. Du nicht, deine Mama und dein Papa nicht, selbst Opa und Oma nicht. Denn es gab noch keinen einzigen Menschen auf der Erde. Die ganze Erde war dunkel und leer und überall von Wasser bedeckt.

Aber Gott war schon da! Er sprach: „Es werde Licht!“ Und über der Erde wurde es hell. Gott sah, dass das Licht gut war, und trennte es von der Dunkelheit. Das Licht nannte er Tag und die Dunkelheit Nacht. Es wurde Abend, es wurde Morgen. Das war der erste Tag.

Am zweiten Tag schuf Gott den Himmel. Wie eine schützende Hülle umgibt er seitdem die ganze Erde. Es wurde Abend, es wurde Morgen. Das war der zweite Tag.

Am dritten Tag ließ Gott das Wasser zurückfließen. Nun kam fester Boden hervor. Den nannte Gott Land. Das große Wasser aber nannte er Meer. Dann sprach Gott: „Die Erde soll grün werden." Und da ließ die Erde überall Gräser, Sträucher und Bäume wachsen. Gott sah, dass es gut war. Es wurde Abend, es wurde Morgen. Das war der dritte Tag.

Am vierten Tag schuf Gott zwei große Lichter. Ein ganz großes für den Tag. Das ist die Sonne! Damit es in der Nacht nicht so ganz dunkel sei, setzte Gott den Mond und viele, viele funkelnde Sterne hoch an den Himmel. Gott sah, dass es gut war. Es wurde Abend, es wurde Morgen. Das war der vierte Tag.

Am fünften Tag sprach Gott: „Nun sollen Tiere im Wasser und in der Luft sein." Und so geschah es. Im Wasser schwammen riesige Wale und kleine Fische und winzige Krebse. Viele Vögel flogen durch die Luft. Und Gott sah, dass es gut war. Darum segnete er all die Fische und Vögel. Er sagte zu ihnen: „Bringt viel Leben ins Meer und in die Luft." Es wurde Abend, es wurde Morgen. Das war der fünfte Tag.

Am sechsten Tag schuf Gott alle Tiere, die auf dem Land leben: Elefanten, Pferde, Schafe, Mäuse, Käfer, einfach alle! Und Gott sah, dass es gut war.

Ganz zum Schluss schuf Gott die ersten Menschen. „Sie sollen mir ähnlich sein und über allen Tieren stehen", sprach Gott. So schuf er einen Mann und eine Frau. Gott segnete sie und sprach: „Bringt Leben auf die Erde! Schaut, was ich euch alles gegeben habe: die Fische im Meer, die Vögel in der Luft, all die vielen Tiere auf dem Land. Ihr könnt das Korn, die Kräuter und die Früchte von Sträuchern und Bäumen essen." Gott sah alles an, was er gemacht hatte: Es war sehr gut. Es wurde Abend, es wurde Morgen. Das war der sechste Tag.

Am siebten Tag waren der Himmel und die Erde vollendet. Gott segnete den siebten Tag und sprach: „Dieser Tag soll heilig sein, und alle Arbeit soll ruhen."

Adam und Eva

Genesis 2,4b–3,24

Die ersten Menschen hießen Adam und Eva. Als die Erde noch ganz neu war, legte Gott für sie einen wunderbaren Garten an: das Paradies. An Sträuchern und großen Bäumen hingen die köstlichsten Früchte. In der Mitte des Gartens standen zwei besondere Bäume, der Baum des Lebens und der Baum der Erkenntnis.

Gott setzte Adam und Eva ins Paradies und sprach: „Hier wird es euch an nichts fehlen. Ihr dürft alle Früchte im Garten essen, nur nicht die vom Baum der Erkenntnis. Sonst werdet ihr sterben!“ Von nun an lebten die beiden im Paradies, in Frieden und zusammen mit allen Tieren. Sie waren nackt, aber mussten sich nicht schämen.

Doch im Paradies wohnte auch eine Schlange. Sie war schlauer als alle anderen Tiere, die Gott gemacht hatte. Eines Tages kam sie zu Eva und fragte: „So, so, Gott hat euch also verboten, Früchte zu essen?“ Da rief Eva: „Das stimmt nicht. Wir dürfen alles essen, nur nicht die Früchte von diesem einen Baum. Sonst würden wir sterben!“ Die Schlange aber zischte: „Ach was! Wenn ihr diese Früchte esst, werdet ihr nicht sterben. Dann werdet ihr so wie Gott und wisst, was gut und böse ist.“

Oh, wie sehr wollte Eva auf einmal diese verbotenen Früchte kosten. Wie sehr wollte sie alles wissen. Eva pflückte eine Frucht ab und biss hinein. Dann ließ sie Adam abbeißen. Aber kaum hatten sie den Bissen gegessen, wussten sie, dass die Schlange böse war. Dann erkannten Adam und Eva, dass sie ganz nackt waren. Schnell rissen sie große Blätter ab. Die banden sie sich um.

Am Abend kam Gott. Und was machten Adam und Eva da? Ängstlich versteckten sie sich unter den dichten Zweigen. Doch Gott sah sie trotzdem. Adam schämte sich. Gott fragte ihn: „Hast du Früchte von dem verbotenen Baum gegessen?“ Da sagte Adam leise: „Ja, das habe ich, Herr. Aber Eva hat sie mir gegeben!“

So fragte Gott: „Eva, was hast du getan?“ Die aber rief: „Die Schlange hat mir gesagt, ich soll es tun!“ Da bestrafte Gott die Schlange. Er sprach: „Für das, was du getan hast, wirst du auf dem Boden kriechen. Von nun an wird dich kein Tier mehr mögen. Die Menschen werden deine Feinde sein, und du wirst sie beißen.“

Dann sprach Gott zu Adam und Eva: „Von nun an wird es für euch schwer sein. Ihr werdet Kinder haben, aber auch Schmerzen und Angst. Bis ans Ende eures Lebens sollt ihr hart für euer Essen arbeiten.“

Gott gab den beiden einfache Umhänge aus Fellen. Frieren mussten Adam und Eva nicht, aber für immer das Paradies verlassen.

Noah baut ein großes Schiff

Genesis 5,3–,17

Die Kinder von Adam und Eva bekamen Kinder, und ihre Kinder bekamen auch wieder Kinder. Sie füllten die Erde mit Leben, genau so, wie Gott es gesagt hatte. Doch wo einst Frieden herrschte, gab es jetzt nur noch Streit und Gewalt.

Was machte Gott? Er sah, wie die Menschen stritten und logen. Da tat es ihm leid, dass er die Menschen geschaffen hatte. Darum wollte er sie von der Erde nehmen.

Nur ein Mann namens Noah war anders. Er und seine Familie folgten Gottes Weg. So sprach Gott zu Noah: „Es ist so viel Böses in der Welt. Ich werde eine große Flut schicken, die alles Böse vernichtet. Doch du und deine Familie, ihr sollt leben. Baue ein Schiff! Es soll Arche heißen und Platz haben für dich, deine Familie und ein Paar von jeder Tierart. Denk auch an genügend Nahrung für euch alle. Ich werde euch beschützen."

Noah ging mit seinen drei Söhnen sofort an die Arbeit. Weit weg vom Meer bauten sie das größte Schiff, das man je gesehen hatte – so wie Gott es ihm gesagt hatte. Viele Menschen lachten Noah aus. Doch dann war die Arche fertig. Noah ging mit seiner Familie hinein. Schon kamen Tiere aus aller Welt: große und kleine, wilde und zahme. Immer zu zweit zogen sie in die Arche. Es dauerte sieben Tage, bis alle an Bord waren. Dann schloss Gott hinter ihnen die Tür.

Und die große Flut kam. Es regnete und regnete. Zuerst standen Pfützen auf der Erde. Doch es regnete weiter. Die Pfützen wurden zu Seen. Und immer noch regnete es weiter. Die Seen wurden größer und größer. Bald stand das Wasser bis zu den höchsten Bergspitzen. Und es stieg noch weiter. Dann gab es auf der Erde kein Leben mehr.

Gott dachte an Noah und seine Familie und an all die Tiere in der Arche. Er schickte einen Wind über das Meer. Und langsam, ganz langsam sank das Wasser. Eines Tages blieb die Arche auf einer Bergspitze hängen. Da öffnete Noah ein Fenster und ließ eine Taube hinausfliegen. Bald kehrte sie schon zurück. Nun wusste Noah, dass es weit und breit noch kein Land gab. Noah wartete sieben Tage. Wieder ließ er die Taube fliegen. Dieses Mal brachte sie in ihrem Schnabel einen kleinen Olivenzweig zurück.

Ahnst du, wie sehr Noah sich da freute? Dieser Zweig verriet ihm, dass es wieder Land auf der Erde gab und Bäume. Nun wartete Noah noch einmal sieben Tage

ab. Wieder ließ er die Taube fliegen. Dieses Mal kehrte sie nicht zu ihm zurück. Nun wusste Noah, dass er mit seiner Familie und allen Tieren die Arche verlassen konnte. Und die Erde war wunderschön. Gott hatte sein Versprechen gehalten!

Da dankte Noah Gott und brachte ihm Opfer dar. Und Gott sprach: „Nie wieder werde ich die Erde und das Leben darauf zerstören. Dieser Regenbogen soll euch daran erinnern!“

Abraham und Sara

Genesis 12,1–21,8

Viele Jahre vergingen, da lebte ein Ururenkel von Noah, der hieß Abraham. Sein Name bedeutete „Vater von vielen". Er hatte fast alles, was er sich wünschen konnte: Sara, seine schöne Frau, viele Tiere und genug Geld. Viele Mägde und Knechte arbeiteten für ihn. Doch Sara und er hatten kein Kind, obwohl sie sich so sehnlich eines wünschten.

Eines Tages sprach Gott zu ihm: „Abraham, zieh fort aus diesem Land. Ich werde dir ein neues Land zeigen. Dort wirst du der Vater eines großen Volkes sein." Gott segnete Abraham, der allen Völkern Segen bringen sollte.

Abraham folgte Gott. Zusammen mit seiner Frau Sara, seinem Neffen Lot, mit all seinem Vieh und seinen Mägden und Knechten verließ er seine Heimat. Sie zogen durch fremde Länder, durch Wüsten und über Berge. Es war ein sehr langer Weg. Abraham wusste nicht, wohin Gott ihn führte, aber er vertraute ihm.

Dann kam Abraham in das Land Kanaan. Dort gab es Wasser, saftige Wiesen und Bäume, die Schatten spendeten. Unter einem uralten Baum erschien Abraham Gott: „Dies ist das Land, Abraham, das ich den Kindern deiner Kinder geben will." Aber Abraham und seine Frau hatten doch gar kein Kind! Und die beiden waren schon sehr alt. Wie sollten sie da noch ein Kind bekommen? Doch Abraham wusste: Gott hält, was er verspricht.

Abraham und sein Neffe Lot zogen mit ihren Herden durch das Land. Wo sie Wasser und Futter für die Tiere fanden, schlugen sie ihre Zelte auf. Wenn alles abgeweidet war, bauten sie die Zelte ab und zogen weiter. Doch bald waren ihre Herden so groß, dass es oft Streit gab. Darum sagte Abraham zu Lot: „Es soll keinen Streit zwischen uns geben. Von nun an trennen wir uns. Sieh nur, das ganze Land liegt vor dir. Such dir aus, wo du leben möchtest. Dann ziehe ich in den anderen Teil." Lot suchte sich das fruchtbare Land im Flusstal aus. Dort lagen auch zwei Städte, Sodom und Gomorra. Aber die Menschen dort waren böse.

So blieben Abraham und Sara mit ihren Herden und Hirten im Bergland. Wieder sprach Gott zu Abraham: „Wohin du auch blicken kannst, all dieses Land will ich dir und den Kindern von deinen Kindern geben. Du bist der Vater eines großen Volkes. Durchziehe das ganze Land, dann werde ich es dir geben."

Und Abraham glaubte Gott und zog durch das Land. Eines Nachts sah Abraham Gott. Der sprach: „Ich will dich beschenken und beschützen. Wie viele Sterne siehst du am Himmel? Kannst du sie zählen?" Nein, das konnte Abraham nicht. Es waren viel zu viele. Gott versprach ihm: „Du wirst so viele Nachkommen haben, wie Sterne am Himmel sind!"

Doch die Zeit verging. Abraham war fast 100 Jahre alt. Noch immer hatten Sara und er kein Kind. Eines Tages, als er in der Mittagshitze im Schatten des Zeltes saß, kamen drei fremde Männer. Abraham begrüßte und bewirtete sie. Da sagte der eine Fremde zu ihm: „Nächstes Jahr um diese Zeit komme ich wieder. Dann wird Sara einen Sohn haben." Durch die Zeltwand hatte Sara alles gehört. Sie konnte nicht glauben, was der Fremde da sagte. Wie sollte sie noch ein Baby bekommen, so alt, wie sie war? Da lachte Sara leise.

Das hatte der Fremde gehört! Er sprach: „Warum lachst du, Sara? Für Gott ist nichts unmöglich!" Da ahnten Abraham und Sara, wer ihre Gäste waren: Gott war zu ihnen gekommen. Ein Jahr später bekam Sara ihren Sohn, ganz so, wie Gott es gesagt hatte. Und sie nannten ihn Isaak.

Josef und seine Brüder

Genesis 37,1–36

Die Jahre vergingen. Jakob, ein Enkel von Abraham, lebte in Kanaan. Er hatte zwölf Söhne, davon war ihm Josef der liebste. Eines Tages schenkte ihm der Vater einen schönen, bunten Mantel. Die anderen Brüder bekamen nichts und wurden eifersüchtig.

Josef hatte einen seltsamen Traum, den erzählte er seinen Brüdern: „Ich träumte von einem Kornfeld. Das Korn war gemäht, und wir Brüder banden dort Garben zusammen. Meine Garbe war die größte, und eure verneigten sich tief vor ihr." Oh, wie wurden seine Brüder da wütend. Sie riefen: „Willst du etwa der König über uns sein?" Und sie fühlten, wie ihre Wut auf Josef größer wurde.

Kurz darauf träumte Josef, dass sich die Sonne, der Mond und alle Sterne vor ihm verneigten. Von diesem Traum erzählte er seinem Vater und allen Brüdern. Der Vater schimpfte ihn aus: „Was soll das, Josef? Wünscht du dir etwa, dass deine Mutter, ich und deine Brüder vor dir niederfallen?“ Die Brüder sagten nichts, aber aus ihrer großen Wut wurde Hass.

Eines Tages weideten die elf Brüder die Viehherden weit entfernt von ihrem Zuhause. Da sagte der Vater zu Josef: „Geh zu deinen Brüdern und sag mir, wie es ihnen geht!“ Josef machte sich auf den Weg. Als die Brüder sahen, dass er näher kam, fassten sie einen schlimmen Plan. „Los, jetzt bringen wir den Träumer um und werfen ihn in einen tiefen Brunnen. Dem Vater sagen wir, ein wildes Tier hätte Josef gefressen.“

Doch Ruben, der älteste Bruder, war dagegen. „Oh nein, wir dürfen Josef nicht töten! Werfen wir ihn einfach in diesen tiefen Brunnen!", sagte er. Später wollte er Josef heimlich retten und zurück zum Vater bringen.

Kaum war Josef bei seinen Brüdern angelangt, packten sie ihn, zogen ihm den bunten Mantel aus und warfen ihn in den Brunnen hinein. Darin war kein Wasser, sonst hätte Josef leicht ertrinken können. Aber die Brunnenwände waren zu glatt und viel zu hoch, um hinauszuklettern. Nun saß Josef in der Falle.

Da kamen Kaufleute mit ihren Kamelen vorbei, die ins ferne Ägypten zogen. Das brachte die Brüder auf eine neue Idee. Für 20 Silbertaler verkauften sie ihren Bruder Josef als Sklaven. „Nun sind wir ihn für immer los!", sagte Juda, als Ruben zum Lager zurückkam. Der wollte nicht glauben, was die anderen getan hatten. Voller Verzweiflung zerriss er seine Kleider.

War es das, was seine Brüder auf die Idee brachte? Weißt du, was sie nun machten? Sie nahmen Josefs Mantel und zerrissen ihn. Sie schlachteten einen Ziegenbock und tauchten den Mantel in das Blut. Dann ließen sie den Mantel von einem Knecht zum Vater bringen. Der Vater sah den blutigen, zerrissenen Mantel und schrie: „Oh, Josef, mein liebster Sohn, ist von einem wilden Tier getötet worden." Er weinte und trauerte viele Tage lang.

Und Josef? Der war weit fort von seinem Zuhause, in Ägypten. Dort musste er als Sklave des Pharaos arbeiten. So hieß der König im alten Ägypten.

Mose im Binsenkörbchen

Exodus 2,1–10

Wieder waren viele Jahre vergangen. Aus den Kindern von Abrahams Kindern war ein großes Volk geworden, die Israeliten. Aber sie lebten nicht mehr in dem Land Kanaan, das Gott Abraham gezeigt hatte, sondern in Ägypten. Dort waren sie Sklaven, wurden geschlagen, mussten schwer arbeiten und den Gesetzen des Pharao gehorchen.

Als der Pharao sah, wie viele Kinder bei den Israeliten geboren wurden, bekam er Angst. „Was, wenn die Israeliten eines Tages mehr und mächtiger sind als mein Volk?", dachte er. „Das darf nicht sein!" So erließ der Pharao ein furchtbares Gesetz: Jeder neu geborene Junge der Israeliten sollte getötet werden.

Eine junge Israelitin hatte schon einen Sohn und eine Tochter. Als sie das dritte Kind bekam, war es ein Junge. Da versteckte die Mutter ihren kleinen Sohn. Doch als das Baby größer wurde und kräftiger schrie, konnte sie es nicht länger versteckt halten. Was sollte sie nur tun?

Sie flocht ein Körbchen aus Schilfgras und dichtete es rundum gut mit Teer ab, sodass kein Wasser hineinkommen konnte. Dann legte sie ihren kleinen Sohn hinein und trug das Körbchen an das Nilufer. Mirjam, ihre Tochter, kam mit ihr. Sie versteckten den Korb zwischen dem dichten Schilfgras. Bevor sie jemand von den Ägyptern entdecken konnte, eilte die Mutter davon. Aber Mirjam blieb im Schilf zurück und sah, was nun geschah.

Die Tochter des mächtigen Pharao kam mit ihren Dienerinnen, um im Nil zu baden. Im Wasser sah sie den Korb mit dem Baby darin. Sofort ließ sie ihn von einer Dienerin herausholen. Als sie das Baby anblickte, weinte es. Da hatte die Tochter des Pharaos Mitleid mit ihm. Sie ahnte, dass es ein Kind der Israeliten war, und wollte es retten. „Ich will ihn als meinen Sohn annehmen, und er soll Mose heißen", sagte sie. Denn Mose bedeutet: „Ich habe dich aus dem Wasser gezogen".

Nun trat Mirjam aus dem Schilf heraus. Sie fragte schnell: „Soll ich dir eine Frau von den Israeliten holen, die das Baby stillen kann?“ Da nickte die Tochter des Pharao. Das Mädchen lief nach Hause und holte die Mutter. So gab die Tochter des Pharaos das Baby an seine eigene Mutter zurück. „Sorge gut für dieses Kind. Ich werde dich gut bezahlen. Bring es mir, wenn es größer ist“, sagte sie. „Dann soll es bei mir im Palast wohnen.“ Und so geschah es, dass Mose im Palast des Pharaos aufwuchs. Aber sein Volk vergaß er nie.

Flucht aus Ägypten

Exodus 12,1–20,17

Viele Jahre vergingen, Moses war längst ein alter Mann. Noch immer litt das Volk der Israeliten in Ägypten. Der Pharao wollte sie nicht gehen lassen. Da ließ Gott zehn schlimme Plagen über Ägypten kommen, um den Pharao zu erweichen. Er schickte zum Beispiel Frösche, bis es im ganzen Land wimmelte. Sogar im Schlafgemach des Pharaos sprangen die Frösche umher. Alle Ägypter hatten große Angst, doch der Pharao ließ die Israeliten immer noch nicht gehen.

Da schickte ihm Gott die zehnte und schlimmste aller Plagen. Aber zuvor hatte er Moses genau gesagt, was die Israeliten tun sollten. Sie alle machten sich für eine lange Reise fertig. Am Abend vor ihrem Aufbruch feierten sie das erste Paschafest, das Fest ihrer Befreiung. Wie Gott ihnen gesagt hatten, aßen sie ungesäuerte Brote, die die Mütter gebacken, und Lämmer, die die Väter geschlachtet hatten. Mit dem Blut hatten zuvor alle Israeliten die Türpfosten ihrer Häuser bestrichen. So wusste Gott, dass hier der Tod nicht eintreten sollte. In allen anderen Häusern starb in dieser Nacht der älteste Sohn der Ägypter, auch der Sohn des Pharaos! Ganz Ägypten trauerte um seine Kinder. In den Ställen und auf den Weiden starben alle erstgeborenen Jungtiere. Das war ein großes Unglück.

Durch das Meer

Da ließ der Pharao Mose und seinen Bruder Aaron zu sich holen. „Geht und nehmt alles mit, was zu euch gehört. Betet für mich!" Noch in dieser Nacht zog Mose mit seinem Volk und all ihren Tieren fort aus Ägypten. Gott wies ihnen den Weg: Tagsüber zog eine Wolke vor ihnen her und nachts eine leuchtende Feuersäule. So beschützte Gott sein Volk. Das war gut, denn schon folgte ihnen der Pharao. In seinem schnellsten Streitwagen und mit seinem ganzen Heer jagte er den Israeliten nach. Vor ihnen lag das Rote Meer. Sie hatten furchtbare Angst. Wo sollten sie nur hin?

Aber da sprach Gott zu Mose: „Halt deine Hand mit dem Stab über das Meer. Dann wird es sich teilen." Und wirklich: das Meer teilte sich. Links und rechts von Mose stand das Wasser wie eine hohe Mauer. So konnten Mose, sein ganzes Volk und all ihr Vieh sicher hindurchgehen. Die Feuersäule stand hinter ihnen, bis es Morgen wurde. Dann hatten die Israeliten das sichere Ufer auf der anderen Seite erreicht. Doch bevor ihnen die Ägypter folgen konnten, stürzten die Wellen wieder zurück. Das Meer schloss sich und begrub alle Ägypter, ihre Streitwagen und Pferde. Von den Ägyptern gab es keine Spur mehr. Die Israeliten sahen, wie Gott sie gerettet hatte. Mirjam, die Schwester von Mose, stimmte ein Lied an. Alle sangen und tanzten und dankten Gott.

Durch die Wüste

Doch nun lag ein weiter Weg durch die glühend heiße Wüste vor ihnen. Was sollten sie dort nur essen? Gott schenkte ihnen Manna. Jeden Morgen, wenn der Tau verschwunden war, konnten sie vom Wüstenboden weiße, süße Körner aufsammeln. Es gab genug für alle! Aber weit und breit war kein Wasser. Alle waren schrecklich durstig. Sie beschimpften Mose: „Hast du uns aus Ägypten geführt, damit wir alle hier verdursten?" Da rief Mose zu Gott, und der sprach: „Ich werde vor dir stehen. Schlag mit dem Stab gegen diesen Felsen. Dann wird Wasser herauskommen!" Mose tat, was Gott ihm gesagt hatte. Schon sprudelte aus dem Felsen frisches Wasser hervor. Das Volk der Israeliten und all ihre Tiere stillten ihren Durst.

Die zehn Gebote

Noch immer war Mose mit seinem Volk unterwegs. Viele Tage und Nächte waren schon seit der Flucht durchs Meer vergangen. Gott hatte sie vor Durst, Hunger und Feinden beschützt. Dann erreichten sie den Berg Sinai, und dort hatte Gott Großes mit ihnen vor. Er sprach: „Bereitet euch vor, wascht eure Kleider. In drei Tagen werde ich in einer Wolke kommen. Ihr sollt hören, wie ich mit Mose spreche.“

Am dritten Tag blitzte und donnerte es gewaltig. Der ganze Berg bebte, Feuer und Rauch stiegen aus ihm auf, wie aus einem riesigen Ofen. Mose wusste, dass Gott nun auf den Berg hinabgestiegen war. Ganz allein machte er sich auf den Weg. Er stieg hinauf zu Gott. Dort oben hörte Mose, wie Gott in einem Donner diese Worte sprach: „Ich bin dein Gott, der dich aus der Sklaverei Ägyptens herausgeführt hat. Dies sind meine Gebote:

Du sollst neben mir keine anderen Götter haben.
Du sollst dir kein Bild von Gott machen.
Du sollst Gottes Namen nicht missbrauchen.
Du sollst am siebten Tage ruhen.
Du sollst deine Mutter und deinen Vater ehren.
Du sollst nicht töten.
Du sollst nicht die Ehe brechen.
Du sollst nicht stehlen.
Du sollst nicht Lügen über andere erzählen.
Du sollst nicht etwas haben wollen, was anderen gehört.

Das alles hörte Mose, oben auf dem Berg. Unten im Tal fürchtete sich sein Volk. Denn sie sahen, wie stark Gott war. Mose stieg vom Berg zu ihnen herab. „Fürchtet euch nicht", sprach er. „Wir sind Gottes Volk. Wir sollen seine Gebote befolgen." Ja, das wollten die Israeliten tun.

David und Goliat

1 Samuel 17

Wieder waren sehr viele Jahre vergangen. Die Israeliten lebten in ihrem Land, aber oft wurden sie von Feinden bedroht. Als sich die Truppen der Israeliten und der Philister zum Kampf gegenüberstanden, trat aus den Reihen der Philister ein riesengroßer Soldat hervor. Er hieß Goliat und war größer als jeder andere. Wer ihn sah, fürchtete seine Riesenkräfte und seine gewaltigen Waffen.

Nur David, ein Hirtenjunge aus Betlehem, fürchtete sich nicht. Er hörte, wie Goliat wild brüllte: „Wer von euch wagt es und kämpft gegen mich? Besiegt ihr mich, sind wir eure Sklaven. Siege aber ich, dann gehört ihr Israeliten uns!"

Da trat David vor und sprach: „Ich werde gegen den Riesen kämpfen!" Aber das ging doch nicht! David war viel kleiner als Goliat. Er war ein Junge und kein Soldat, er wusste gar nicht, wie man kämpft. Aber David sprach: „Ich habe die Schafe gehütet und sie alleine vor wilden Tieren beschützt. Gott hat mich stets behütet. Er wird mir auch im Kampf gegen diesen Riesen helfen."

König Saul segnete David und ließ ihm seine Rüstung anlegen. Doch die war dem Jungen viel zu groß und zu schwer. Darin konnte er nicht gehen. So zog David nur mit seinem Hirtenstab, seiner Schleuder und seiner Hirtentasche los; darin waren fünf glatte Steine.

Goliat kam immer näher und verhöhnte den Jungen. Aber David sagte ruhig: „Du kommst mit Schwert und Speer zu mir. Ich aber komme im Namen Gottes zu dir!“ Schon griff David in seine Tasche, legte einen Stein in die Schleuder, spannte sie, so fest er nur konnte, und schoss. Der Stein traf den Riesen Goliat an der Stirn. Wie ein Baum fiel er zu Boden. Der Riese war tot. Als die Truppen der Philister das sahen, flohen sie voller Schrecken. Und David? Aus dem Hirtenjungen wurde später ein großer König.

Daniel in der Löwengrube

Daniel 6,2–29

Viele Jahre später und weit fort von seinem Land lebte Daniel. Er war so klug, dass ihn der fremde König Darius zum Minister in Babylon ernannt hatte. Daniel machte seine Arbeit besser als alle anderen Minister. So wollte ihn König Darius zum höchsten aller Minister ernennen. Aber das passte den anderen nicht! So überlegten sie, wie sie Daniel nur schlecht machen konnten. So sehr sie auch suchten, sie fanden keinen Fehler, den sie Daniel vorwerfen konnten. Doch sie wussten, dass Daniel jeden Tag zu Gott betete. So fassten die anderen Minister einen gemeinen Plan.

Sie gingen zu König Darius und sprachen: „Wir wollen dir ein neues Gesetz vorschlagen: Wer in deinem Lande eine Bitte hat, darf sie nur dir, oh großer König, vortragen. Wer trotzdem Gott oder andere Menschen um etwas bittet, der soll in die Löwengrube geworfen werden!“ Das gefiel König Darius sehr, und sofort ließ er im ganzen Land das neue Gesetz verkünden. Es sollte dreißig Tage gelten.

Auch Daniel hörte von dem neuen Gesetz des Königs. Aber er betete weiterhin zu Gott. Darauf hatten die anderen Minister nur gewartet. Sie eilten zum König und fragten: „Oh König, hast du nicht ein neues Gesetz erlassen? Sollte nicht jeder, der Gott oder die Menschen bittet, in die Löwengrube geworfen werden?“

Da nickte der König. Schon riefen die Minister: „Aber Daniel, dein höchster Minister, betet trotzdem zu Gott. Wir haben es selbst

gesehen!" König Darius hätte Daniel gerne verschont, aber nun musste er sein eigenes Gesetz einhalten. Betrübt ließ er Daniel holen und sprach: „Möge dir dein Gott helfen." Dann wurde Daniel in die Löwengrube geworfen. Ein dicker, schwerer Stein wurde vor die Öffnung gerollt. Daran brachte König Darius sein Siegel an. Nun konnte niemand heimlich den Stein fortbewegen. Niemand konnte Daniel helfen.

In dieser Nacht saß der König in seinem Palast, mochte nichts essen und konnte nicht schlafen. Als es Morgen wurde, eilte er gleich zur Löwengrube. Er rief: „Daniel, hat dich dein Gott gerettet?" Und aus der dunklen Grube antwortete ihm Daniel: „Mein König, mögest du ewig leben. Gott hat mir einen Engel geschickt, der hat den Löwen das Maul zugehalten. Ich habe keine Schuld."

Wie froh war da der König! Er ließ Daniel gleich aus der Grube hochziehen. Und wirklich, Daniel hatte nicht den kleinsten Kratzer. Da schrieb der König Darius eine Botschaft an all seine Untertanen. „Nehmt euch in Acht! Der Gott von Daniel rettet aus der Not. Er ist lebendig. Dieser Gott tut Zeichen und Wunder im Himmel und auf der Erde."

Jona und der Wal

Jona 1–4

Im Land der Israeliten verkündete der Prophet Jona Gottes Wort. Doch eines Tages erschrak Jona sehr. Gott sprach: „Steh auf, Jona, geh nach Ninive. Warne dort alle Menschen. Sag ihnen, ich habe gesehen, wie böse sie sind."

Oh nein, dorthin wollte Jona auf keinen Fall! Das waren Feinde seines Volkes. Und er hatte schon schlimme Sachen über die riesige Stadt Ninive gehört. Da lief Jona in die andere Richtung davon, bis er zu einem Hafen kam. Jona ging an Bord eines Schiffes, legte sich unter Deck hin und schlief ein. So weit es nur ging, wollte er vor Gott fliehen.

Kaum war das Schiff auf dem Meer, begann ein furchtbarer Sturm. Der Himmel wurde schwarz, Blitze zuckten herab, Donner hallte. Alle Seeleute schrien vor Angst und riefen ihre Götter an – nur Jona schlief tief und fest. Da rüttelte ihn der Kapitän wach: „Bete auch du zu deinem Gott. Vielleicht hilft er uns in dieser Not." Doch der Sturm wurde so schlimm, dass das Schiff fast zerbrach.

Die Seeleute riefen: „Das Los wird uns zeigen, wer Schuld an diesem Sturm hat." Ahnst du es schon? Das Los traf Jona! Und er gestand: „Mein Gott hat das Meer und das Land geschaffen. Doch ich wollte vor ihm fliehen. Nun hat Gott mich gefunden. Nehmt mich und werft mich ins Meer, dann wird es wieder ruhig."

Die Seeleute wollten Jona nicht ins Meer werfen. Mit aller Kraft versuchten sie, ans sichere Ufer zu rudern. Aber der Sturm war viel, viel stärker als sie. Schließlich fassten die Seeleute Jona und riefen: „Vergib uns, Herr!" So warfen sie Jona über Bord, mitten ins tosende Meer hinein. Und das Meer wurde still, der Sturm ließ nach. Das Schiff war in Sicherheit.

Aber was geschah mit Jona? Gott ließ einen großen Wal kommen, der verschluckte Jona. Drei Tage und drei Nächte lang saß Jona im dunklen Walbauch. Jona wusste nicht, ob er jemals hinauskommen würde. Aber er dankte Gott für seine Rettung aus dem Meer und versprach, von nun an seinen Auftrag zu erfüllen.

Das hörte Gott. Er ließ den Wal ans Land schwimmen, und dort spuckte der Wal Jona aus. Zum zweiten Mal sagte Gott: „Geh in die Stadt Ninive, Jona. Verkünde den Menschen dort, was ich dir sagen werde!“ Dieses Mal ging Jona nach Ninive. Die Stadt war so groß, dass er drei Tage brauchte, um hindurchzugehen. Allen, die er in den Straßen traf, verkündete Jona: „Noch vierzig Tage, dann wird eure Stadt untergehen!“

Die Menschen von Ninive bekamen große Angst. Sie zogen sich alte Säcke an, um ihre Reue zu zeigen, und beteten zu Gott. Auch ihr mächtiger König tauschte sein purpurfarbenes Gewand gegen einen alten Sack. Er saß nicht mehr auf seinem Thron, sondern auf einem Aschehaufen und bereute seine schlechten Taten. Boten des Königs eilten durch die Stadt und riefen: „Wendet euch ab vom Bösen, kehrt um und ruft Gott an.“ Der König hoffte: „Vielleicht sieht Gott, dass wir umgekehrt sind, sodass er die Stadt und alle Menschen darin nicht mehr vernichtet.“

Und wirklich, Gott vergab den Menschen in Ninive. Er zerstörte ihre Stadt nicht, wie er es durch Jona verkündet hatte. Das ärgerte Jona sehr. Der hatte sich draußen vor der Stadt eine kleine Hütte gebaut. Da saß er nun tagein, tagaus und wartete darauf, dass Gott die Stadt zerstörte. Jona fand, die Menschen aus Ninive hatten wirklich ihre Strafe verdient. Da rief er: „Herr, warum vergibst du diesen Menschen? Warum tust du nicht, was du vorhattest? Ach, ich wusste schon, warum ich zuerst weggelaufen bin!" So voller Zorn und Wut war Jona.

Gott aber ließ einen großen Strauch wachsen. Im Nu reichten die Zweige über Jona und spendeten ihm Schatten. Das freute Jona. Aber als es Morgen wurde, schickte Gott einen Wurm. Er fraß alle Wurzeln, und im Nu war der Strauch vertrocknet. Nun gab es keinen Schatten mehr für Jona. Gott schickte einen heißen Wind, und die Sonne brannte so auf Jonas Kopf, dass er lieber tot sein wollte, als weiter in der Hitze zu sitzen.

Da sprach Gott: „Jona, wenn dir schon der Strauch leidtut, der vertrocknet ist, wie soll es mir dann nicht leidtut um all diese Menschen und Tiere in der Stadt?" Bestimmt wusste Jona nun, wie viel Geduld und Güte Gott für die Menschen hat, auch für ihn!

Jesus wird geboren

Evangelium nach Lukas 1,26–38; 2,1–10

Vor 2000 Jahren herrschte im Land der Israeliten ein fremder König. Der hieß Herodes und war grausam. Und noch viel mächtiger als Herodes war Kaiser Augustus, der von Rom aus über die ganze Welt herrschte. Wie sehr hofften die Israeliten, dass Gott ihnen einen Retter schicken würde!

Zu dieser Zeit lebte in Nazaret Maria, eine junge Frau. Sie war mit Josef verlobt. Ihr Verlobter war ein Nachkomme von König David. Doch Josef war kein großer König. Nein, er war ein einfacher Zimmermann.

Eines Tages erschien bei Maria ein Engel und sprach: „Sei gegrüßt, Maria. Du bist gesegnet. Gott ist mit dir." Maria erschrak. Was sollte das nur bedeuten? Aber der Engel sagte zu ihr: „Hab keine Angst. Gott hat dich ausgewählt. Du wirst einen Sohn bekommen. Den sollst du Jesus nennen. Er wird der größte König von allen sein, und seine Herrschaft endet nie." Maria fragte den Engel: „Wie kann das sein? Noch habe ich keinen Mann. Es dauert noch, bis ich Josef heirate." Der Engel aber sagte ihr: „Gottes Geist wird zu dir kommen. Dein Sohn wird Gottes Sohn sein. Maria, du wirst sehen: Gott ist nichts unmöglich." Maria nickte: „So geschehe Gottes Wille", sagte sie. Und der Engel verließ sie.

Bald erwartete Maria ein Kind, so wie der Engel es ihr gesagt hatte. Zu dieser Zeit schickte der ferne Kaiser Augustus Boten in alle Welt und bis in die Gassen von Nazaret. Laut riefen sie: „Ein Befehl von Kaiser Augustus. Alle Untertanen sollen in ihre Heimatstadt gehen und dort gezählt werden. Macht euch sofort auf den Weg!" Denk nur, das Reich von Kaiser Augustus war so riesig, dass er gar nicht mehr wusste, wie viele Untertanen darin lebten. Deshalb wollte er sie alle zählen lassen. So musste Josef mit seiner Verlobten Maria nach Betlehem gehen. Denn das war die Stadt seiner Vorfahren.

Es war ein weiter Weg. Zu Fuß brauchten sie viele Tage, bis sie endlich in Betlehem ankamen. So sehr sie auch suchten, sie fanden in keinem Haus Platz für die Nacht. Maria spürte, dass sie bald, sehr bald ihr Kind bekommen würde. Wo sollten sie nur hin? Da fanden sie einen kleinen Stall. Dort wurde Marias Sohn geboren, mitten in der Nacht. Sie wickelte ihn in Windeln und legte ihn in die Futterkrippe. Denn etwas anderes hatten sie nicht. Aber Maria war froh, dass ihr Kind da war. Es war noch so klein, und doch hatte der Engel diesem Kind Großes vorhergesagt.

Nicht weit vom Stall entfernt wachten Hirten in der dunklen Nacht bei ihren Herden. Auf einmal wurde alles um sie herum ganz hell, und ein Engel Gottes erschien. Zuerst erschraken die Hirten sehr. Aber der Engel sprach zu ihnen: „Habt keine Angst! Ich verkünde euch und allen Menschen eine große Freude. Heute Nacht wurde in Betlehem der Retter geboren. Er ist es, auf den alle Menschen so sehr warten. An diesem Zeichen erkennt ihr ihn: Ihr werdet ein kleines Kind in Windeln in einer Krippe finden."

Mit einem Mal kamen viele, viele Engel hinzu, so viele, dass sie den Himmel füllten. Sie alle jubelten und sangen so wunderschön, wie es noch kein Mensch gehört hatte:

„Ehre sei Gott in der Höhe
und Frieden den Menschen
auf der ganzen Erde."

Die Hirten standen, schauten und lauschten, bis die Engel wieder in den Himmel schwebten. „Die Engel haben uns eine Botschaft von Gott gebracht!", sagten die Hirten zueinander. „Kommt, wir laufen los und sehen nach, was in Betlehem geschehen ist." Und da ließen sie ihre Herden zurück und liefen bis zum Stall.

Dort fanden sie Maria und Josef und das Kind in der Krippe. Sie wussten gleich: Dies war das Kind, von dem der Engel gesprochen hatte! Sie erzählten Maria und Josef alles, was in dieser Nacht draußen auf dem Feld geschehen war. Maria vergaß diese Worte nie und bewahrte sie in ihrem Herzen. Und das Kind wurde Jesus genannt, so wie der Engel es Maria gesagt hatte.

Die Hirten aber liefen weiter und berichteten immer wieder von dem Wunder, das in dieser Nacht geschehen war. Sie waren froh und dankten Gott. Und so wie sie freuen wir uns jedes Jahr am Weihnachtsabend, dass Jesus geboren ist.

Die Heiligen Drei Könige

Evangelium nach Matthäus 2,1–12

Aus dem Morgenland waren drei weise Könige einem hellen Stern gefolgt, denn sie waren Sterndeuter und ahnten, dass dieser Stern die Geburt eines besonderen Königskindes verkündete. Lange waren die drei auf ihren Kamelen schon unterwegs. Schließlich kamen sie nach Jerusalem. Dort gingen die weisen Männer gleich zum Palast des Königs Herodes. Sie fragten: „Wo ist das neugeborene Königskind? Wir haben gesehen, wie sein Stern aufging. Wir kommen her, um ihm unsere Geschenke zu bringen. Wir wollen vor ihm niederknien und ihm die Ehre erweisen.“

Als König Herodes das hörte, erschrak er sehr. Denn in seinem Palast gab es kein neugeborenes Kind. Seine Söhne waren schon groß. Herodes wollte seine Macht nicht an ein fremdes Kind verlieren. Mehr als alles andere wollte er wissen, wo dieses neue Königskind war. Weißt du, was er da machte?

König Herodes ließ die höchsten Priester und Gelehrten des Landes kommen und fragte sie: „Was hat es mit einem neuen Königskind auf sich?" Da brachten die Gelehrten eine uralte Schriftrolle zum König. „Schau, Herodes, hier steht es geschrieben: Christus wird aus Betlehem kommen."

Nun rief Herodes wieder die drei Weisen zu sich. „Geht nach Betlehem, dort werdet ihr das neugeborene Königkind finden", sagte er und bat: „Wenn ihr es gefunden habt, berichtet mir gleich, wo es ist. Dann will ich auch hingehen und es verehren." Doch das war gelogen! Herodes wollte dieses Kind loswerden. Aber das ahnten die drei Weisen aus dem Morgenland nicht. So versprachen sie es Herodes, stiegen auf ihre Kamele und ritten los.

Der Stern zog vor ihnen her und wies ihnen den Weg. Es war kein Palast, in dem die drei weisen Männer Jesus fanden. Aber dennoch knieten die drei vor dem Kind nieder und beteten. Dann überreichten sie ihre Geschenke: ein Kästchen voller Gold, eines mit Weihrauch und einen Krug mit Myrrhe. Solche großen Schätze bekam sonst nur ein König.

In der Nacht hatten die drei Weisen einen Traum. Gott sprach zu ihnen: „Geht nicht zurück zu Herodes!" So zogen sie am nächsten Tag auf einem anderen Weg ins Morgenland zurück.

Jesus im Tempel

Evangelium nach Lukas 2,41–52

Die Zeit verging, und Jesus war inzwischen zwölf Jahre alt. Nun durfte er das erste Mal mit seinen Eltern zum Tempel nach Jerusalem gehen. Dort feierten sie mit vielen anderen Menschen das Paschafest. Sie beteten und dankten Gott, dass er vor vielen, vielen Jahren ihr Volk aus Ägypten geführt und gerettet hatte. Dann war es Zeit, wieder nach Hause zu gehen. Aber Maria und Josef konnten Jesus nirgendwo finden. Bestimmt ist er schon mit Freunden vorausgegangen, dachten sie. Denn auf ihrem Heimweg lag das Haus von Verwandten. Doch als Maria und Josef nach einem Tag Fußmarsch dort ankamen, war Jesus nicht da. Voller Sorge kehrten sie um und suchten ihn drei Tage lang. Wo war Jesus nur?

Er saß im Tempel von Jerusalem, mitten unter den Gelehrten. Jesus hörte ihnen zu und stellte viele Fragen. Jeder, der ihn hörte, staunte sehr. Dieser Junge wusste so viel. Aber Maria hatte so große Angst um Jesus gehabt, dass sie rief: „Wie konntest du das tun, mein Sohn?"

Da antwortete Jesus: „Wisst ihr nicht, dass ich im Hause meines Vaters sein muss?" Seine Eltern verstanden die Worte nicht. Doch das Haus, das Jesus meinte, war der Tempel, und der Vater, den er meinte, das war Gott. Jesus kehrte mit Maria und Josef nach Nazaret zurück. Er wuchs zu einem jungen Mann heran, der sehr weise war.

Jesus wird getauft

Evangelium nach Lukas 3,1–20

Schon lange lebte Johannes einsam in der Wüste. Er wartete auf eine Botschaft von Gott. Lange hörte Johannes nur den Wind. Doch dann sprach Gott zu ihm: „Geh zu den Menschen, sag ihnen, dass bald der Herr kommt.“ So verließ Johannes die Wüste. Am Fluss Jordan rief er: „Ändert euer Leben und macht euch bereit, bald kommt der Herr.“ Viele Menschen wollten nun ein besseres Leben führen. Aber wie sollten sie das machen?

Ihnen sagte Johannes: „Lasst euch taufen. Mit dem Wasser wasche ich alles Böse von euch ab.“ Und er taufte sie im Fluss Jordan. Danach fragten die Menschen Johannes: „Sag uns, wie sollen wir von nun an leben? Was genau sollen wir tun?“ So erklärte es ihnen Johannes: „Das, was in eurem Leben krumm ist, soll gerade werden.“ Den Reichen befahl er: „Wer zwei Hemden hat, der soll eines abgegeben. Wer Essen hat, soll es mit dem Hungrigen teilen.“ Den Zöllnern sagte er: „Nehmt nicht mehr Geld, als verordnet ist.“ Und die Soldaten hörten von ihm: „Tut niemandem Gewalt an.“

Sehr, sehr viele Menschen kamen zu Johannes, um getauft zu werden. Manche dachten es, andere fragten: „Ob Johannes wohl unser Retter ist?“ Als Johannes das hörte, schüttelte er den Kopf: „Nein, ich taufe nur mit Wasser. Bald kommt einer, der ist viel stärker als ich. Er wird euch mit dem Heiligen Geist und mit Feuer taufen.“

Eines Tages kam Jesus inmitten von vielen Menschen zum Fluss. Er stieg ins Wasser und wurde dort von Johannes getauft. Da öffnete sich der Himmel über Jesus. Eine Taube kam herab, und Gottes Stimme sprach: „Du bist mein lieber Sohn. An dir habe ich große Freude.“ Und alle, die das hörten, wussten, dass Jesus Gottes Sohn war.

Jesus und seine Jünger

Evangelium nach Markus 1,16–20

Jesus kam an den See Gennesaret und sah, wie zwei Fischer vom Boot aus ihre Netze ins Wasser warfen. Kurz darauf zogen sie viele Fische im Netz hinauf. Da ging Jesus zu ihnen und sprach: „Kommt und folgt mir. Ich will euch zu Menschenfischern machen." ... Menschenfischer? So etwas hatten die Männer noch nie gehört. Doch Jesus brauchte Helfer, die vielen Menschen von Gott erzählten. So verließen Andreas und Petrus, die beiden Fischer, ihr Boot und ihre Netze und folgten Jesus. Kurz darauf sahen sie am Seeufer einen alten Fischer mit seinen beiden Söhnen, Johannes und Jakobus. Die drei saßen im Boot und flickten ihre Netze. Jesus rief auch ihnen zu: „Kommt und folgt mir!" Da verließen die jungen Männer ihren Vater und folgten Jesus. Nach und nach kamen mehr Jünger hinzu, bis es zwölf waren. Sie folgten Jesus, zogen durch das Land und verkündeten überall die Botschaft Gottes.

Wie aus wenig viel wird

Evangelium nach Markus 6,30–44

Wo Jesus nur hinkam, liefen die Menschen in Scharen zusammen. Sie fragten ihn um Rat oder baten um Hilfe. Jesus tröstete und heilte viele Menschen. Sie alle spürten, wie auf einmal eine schwere Last von ihnen abfiel. Immer mehr Menschen glaubten an Jesus. Die Jünger kamen stets zu Jesus und berichteten ihm, was sie getan hatten. Oft fehlte ihnen die Zeit zum Essen. Um einmal mit seinen Jüngern alleine zu sein, stieg Jesus mit ihnen in ein Boot.

Sie fuhren auf den See Gennesaret hinaus. An einer einsamen Stelle legten sie am Ufer an. Doch kaum waren Jesus und seine Jünger dort an Land gegangen, hatte sich das im Nu herumgesprochen. Viele, viele Menschen kamen, und es wurden immer mehr.

Jesus sah die Menschenscharen. Er wusste, wie sehr sie ihn brauchten. Da hatte er großes Mitleid mit ihnen. Er erzählte ihnen von Gott, bis es Abend wurde. Die Jünger sagten leise zu Jesus: „Meister, es ist schon spät. Weit und breit gibt es nichts zu essen. Sag den Menschen doch, dass sie in die Dörfer und Städte zurückgehen sollen."

Jesus erwiderte: „Nein, ihr sollt ihnen zu essen geben!" Verwundert riefen die Jünger aus: „Wir haben nicht genug Geld, um für all diese Menschen Brot zu kaufen!" Doch Jesus sagte: „Geht los und seht nach, wer etwas zu essen mitgenommen hat." So gingen die Jünger umher. Mit nur fünf Broten und zwei Fischen kehrten sie zu Jesus zurück. „Siehst du, mehr ist es nicht", sagten sie besorgt. Denn nie und nimmer würde so wenig für so viele Menschen reichen.

„Setzt euch alle!", rief Jesus, und die Menschen setzten sich ins Gras. So weit man nur blicken konnte, saßen sie. Und was machte Jesus? Jesus nahm das Brot und schaute zum Himmel. Dann dankte er Gott und brach das Brot. Die Brotstücke gab er an seine Jünger und sie verteilen … und verteilten … und verteilten immer mehr Brot. Und genau so war es auch mit den Fischen. So bekamen alle genug zu essen. Alle wurden satt. Es blieb sogar noch so viel übrig, dass die Jünger mit den Resten zwölf Körbe füllten. Aus so wenig hatte Jesus genug für so viele gemacht.

Der gute Hirte

Evangelium nach Johannes 10,11–18

Jesus ging auch zu den Ausgestoßenen, mit denen niemand etwas zu tun haben wollte. Er heilte Kranke und verzieh sogar jenen, die gegen die Gesetze verstoßen oder Schlechtes getan hatten. Das war manchen Menschen gar nicht recht. Aber ihnen sagte Jesus: „Gott will, dass ich alle Menschen beschütze." Und damit die Menschen es sich besser vorstellen konnten, erzählte Jesus: „Stellt euch vor, ich bin der gute Hirte. Ich kenne alle meine Schafe und rufe jedes bei seinem Namen. Und jedes Schaf kennt meine Stimme. Doch einem Fremden folgen sie nicht. Als Hirte gehe ich vor meinen Schafen her und zeige ihnen den sicheren Weg zur Weide. Ich behüte meine Schafe, auch wenn ich mein Leben für sie geben muss. Ich laufe nicht fort, wenn der Wolf kommt, um ein Schaf zu holen. Ein Knecht würde weglaufen. Dann könnte der Wolf die Herde auseinandertreiben und ein Schaf töten. Doch ich bin der gute Hirte. Ich kenne die Meinen, und sie kennen mich, wie ich meinen Vater kenne."

Und Jesus fügte noch hinzu: „Ihr sollt wissen, als Hirte habe ich auch noch andere Schafe, die sind aus einem fremden Stall. Auch die muss ich herführen. Sie werden meine Stimme hören. Es wird eine Herde und einen Hirten geben. Mein Vater liebt mich. Ich werde mein Leben lassen, es aber wiederbekommen. Ich habe die Macht."

Danach schimpften viele Menschen: „Jesus ist von einem bösen Geist befallen. Hört ihm nicht mehr zu!" Andere aber sagten: „Wie kann jemand, der so viel Gutes tut und Kranke heilt, von einem bösen Geist befallen sein?"

Jesus kommt nach Jerusalem

Evangelium nach Lukas 19,28–40; 19,45–48;22–39

Als das Paschafest nahte, machten sich viele Menschen auf den Weg nach Jerusalem. Auch Jesus und seine Jünger wanderten zu Fuß dorthin. Bevor sie in ein kleines Dorf kamen, sagte Jesus: „Dort werdet ihr einen jungen Esel angebunden finden, auf dem noch kein Mensch geritten ist. Bringt ihn zu mir. Wenn euch jemand fragt, dann sagt: Der Herr braucht diesen Esel."

Die Jünger taten, was Jesus ihnen gesagt hatte. Und als der Besitzer des Esels rief: „Stopp, wieso wollt ihr meinen Esel mitnehmen?", antworteten sie: „Der Herr braucht ihn!" Und da durften die Jünger den Esel mitnehmen. Sie breiteten einen Mantel über den Rücken des Esels, und Jesus setzte sich darauf. So ritt er nach Jerusalem.

Auf einmal erinnerten sich die Jünger an etwas, das vor langer Zeit aufgeschrieben worden war. So stand in den Büchern der Propheten: „Freue dich sehr, Stadt Jerusalem. Dein König kommt zu dir! Er ist ein Gerechter und Helfer, der nur auf einem Esel, nicht auf einem Pferd reitet."

Da freuten die Jünger sich so sehr, dass sie laut riefen: „Gelobt sei, der da kommt. Gott schickt unseren König! Friede im Himmel und auf Erden." Und sie wollten Jesus einen Empfang wie für einen König bereiten. Da sie sonst nichts hatten, liefen die Jünger voraus und breiteten ihre Mäntel auf den Weg. Und auf dem kleinen Esel ritt Jesus darüber.

So kamen sie in die Stadt. Die Jünger lobten die Taten Jesu, und wieder riefen sie laut: „Da kommt unser König. Gott schickt ihn!" Alle, die das hörten, hofften sehr, dass mit einem neuen König alles besser werden würde. Mehr und mehr Menschen stimmten mit ein und riefen auch: „Da kommt unser Friedenskönig!" Sie jubelten und winkten mit Palmblättern.

Jesus im Tempel

Vor dem Paschafest ging Jesus in den Tempel von Jerusalem, um zu beten. Er war dort lange nicht mehr gewesen. Doch was musste Jesus nun sehen? Im Vorhof des Tempels ging es zu wie auf einem Markt. Laut priesen die Händler ihre Waren an. Überall wurden Opfertiere verkauft: Tauben in Käfigen, Lämmer und sogar große Ochsen standen herum. Da wurden Preise ausgehandelt, es wurde bezahlt, laut gelacht, geschimpft und gestritten.

Als Jesus dieses Getümmel sah, wurde er sehr zornig. In den Lärm hinein schrie er: „Ihr habt aus meinem Haus eine Räuberhöhle gemacht. Zum Beten aber braucht man Ruhe!“ Voller Zorn stieß er ihre Tische um und jagte alle Händler aus dem Tempel hinaus.

Doch die Hohepriester, Schriftgelehrten und Vornehmsten des Landes steckten die Köpfe zusammen. „Habt ihr gehört, dass dieser Jesus ‚mein Haus‘ zum Tempel gesagt hat?“, rief der eine. „Was soll das? Der Tempel gehört doch nicht ihm!“, empörte sich der Nächste. „Jesus hat darin nicht zu bestimmen!“ Ja, das fanden sie alle.

Trotzdem kam Jesus nun jeden Tag in den Tempel. Er erzählte den Menschen vieles von Gott. Und Tag für Tag kamen immer mehr Menschen, um Jesus zuzuhören. Überall in der Stadt hieß es: „Jesus ist unser Retter. Er ist der König der Juden!“ und „Wer ihn trifft, wird froh.“

Für die Hohepriester und Schriftgelehrten aber war Jesus nichts anderes als ein Unruhestifter! Und den konnten sie vor dem großen Fest nicht gebrauchen.

Das letzte Abendmahl

Evangelium nach Lukas 22–39

Am Abend feierten die Bewohner von Jerusalem das Paschafest. Auch Jesus und seine zwölf Jünger. Sie setzten sich um einen großen Tisch. Viele gute Sachen standen darauf, aber Jesus war sehr ernst. Zuerst sprach er das Gebet über das Essen, dann brach er für jeden ein Stück vom Brot ab und sagte: „Denkt immer daran: Liebt einander, wie ich euch geliebt habe! Dies ist unser letztes gemeinsames Mahl."

Jesus wusste, dass etwas Schlimmes geschehen würde.

„Einer von euch wird mich verraten.", sagte er. „Doch was geschehen muss, wird geschehen."

Die Jünger sahen sich entsetzt an. Wer von ihnen könnte so etwas tun? Jesus war doch ihr Freund! Jesus sprach: „Wenn ich nicht mehr bei euch bin, feiert das Abendmahl. Wo ihr das Brot miteinander teilt, werde ich bei euch sein." Doch das hörten nur noch elf Jünger. Einer fehlte …

Kreuzigung und Auferstehung

Evangelium nach Lukas 22,39–53.66–71; 23,1–5.13–25; 23,26.56; 24,1–12

Jesus wird gefangen genommen

Nach dem gemeinsamen Mahl suchte Jesus ein wenig Ruhe. Er wollte beten. Weil es schon spät war, bat er einige seiner Jünger, ihn zu begleiten. Sie gingen ein Stück aus der Stadt hinaus in den Garten Getsemani.

Während Jesus betete, schliefen die Jünger ein. Plötzlich lief aus dem Dunkeln Judas auf Jesus zu und gab ihm einen Kuss. Doch das war kein Begrüßungskuss unter Freunden, oh nein! Es war ein Zeichen für die Soldaten. Sie stürmten heran und führten Jesus ab. Seine Jünger waren wie erstarrt; Judas, einer von ihnen, hatte Jesus verraten.

So wurde Jesus mitten in der Nacht von den Soldaten in das Haus des Hohepriesters gebracht. Er war einer von denen, die Jesus als einen Unruhestifter bezeichnet hatten. Aber er hatte auch gehört, wie viele Menschen Jesus „Friedenskönig“ nannten. So fragte er: „Sag, bist du der Sohn Gottes, der Friedenskönig?“

Und Jesus antwortete ihm: „Das sagst du.“

Der Hohepriester dachte: Jemand, der im Tempel für Unruhe sorgt, kann nie und nimmer Gottes Sohn sein. Entrüstet schrie er: „Das ist Gotteslästerung!“ Und schon befahl er den Soldaten: „Los, sperrt ihn ins Gefängnis!“